물 아저씨 과학 그림책 16

파도가 철썩 지구가 들썩

2024년 1월 20일 1판1쇄 발행 | 2024년 4월 15일 1판3쇄 발행

글·그림 | 아고스티노 트라이니   옮김 | U&J
펴낸이 | 나춘호   펴낸곳 | (주)예림당
등록 | 제2013-000041호   주소 | 서울시 성동구 아차산로 153
구매 문의 전화 | 561-9007   팩스 | 562-9007
책 내용 문의 전화 | 3404-9228
http://www.yearim.kr

책임 개발 | 민홍기 / 하나래 정성호 정유진   디자인 | 강임희   콘텐츠 제휴 | 문하영
제작 | 신상덕 / 박경식   마케팅 | 임상호 전훈승

ISBN 978-89-302-6798-4 74400
ISBN 978-89-302-6857-8 74400(세트)

이 책의 한국어판 저작권은 (주)예림당과 Atlantyca S.r.l.사와의 독점 계약으로 (주)예림당에 있습니다.
저작권법에 의해 한국 내에서 보호를 받는 저작물이므로 무단 전재와 복제를 금합니다.

Text by Agostino Traini
Original cover and Illustrations by Agostino Traini
©2023 Mondadori Libri S.p.A. for PIEMME, Italia
©2024 for this book in Korean language - YeaRimDang Publishing Co., Ltd.
Published by arrangement with Atlantyca S.r.l. Corso Magenta, 60/62 – 20123 Milano, Italia — foreignrights@atlantyca.it– www.atlantyca.com
Original Title: SULLA CRESTA DELL'ONDA
Translation by: 파도가 철썩 지구가 들썩

No part of this book may be stored, reproduced or transmitted in any form or by any means, electronic or mechanical, including photocopying, recording, or by any information storage and retrieval system, without written permission from the copyright holder.

물 아저씨 과학 그림책 16

파도가 철썩 지구가 들썩

글·그림 아고스티노 트라이니

비가 아주 많이 내려서 커다란 물웅덩이가 생겼어요.
아고와 피노는 물속에 비친 풍경을 재미있게 구경했어요.
"하늘도 집도 전부 물속에 있어!"
"거울을 보는 것 같아!"
아고와 피노가 말했어요.
그때 살랑살랑 산들바람이 불어와 잔물결을 일으켰어요.

물속 풍경이 일렁이다가 사라졌어요. 물웅덩이는 이제
거울처럼 매끄럽지 않았지요. 잔물결은 작은 파도 같았어요.
"이것 좀 봐. 바람이 파도를 만들고 있어."
"맞아! 바로 그거야."
아고의 말에 누군가 작은 목소리로 대답했어요. 누구일까요?
"물 아저씨다!"
피노가 반갑게 소리쳤어요.

아고와 피노는 친구인 물 아저씨를 만나서 무척 기뻤어요.
물 아저씨는 파도에 대해 뭐든지 다 알거든요.
"바람이 불면 물의 표면에 물결이 생겨. 바람이 점점 세게 불면,
잔물결이 점점 커지다가 커다란 파도가 된단다."
물 아저씨가 말했어요.

아기 바람들아, 힘내!

잘하고 있어!
조금만 더 세차게 불어 줘!

이상해요! 파도가 우리 발밑을
지나는데, 우리는 계속 제자리예요.

맞아! 공도 제자리에 있지?
파도는 흐르지만, 파도 밑의 바닷물은
위아래로만 움직인단다.

파도의 마루가 다음 마루가 있는 곳까지 이동하는 데 걸리는 시간을 파도의 주기라고 해요.
파도의 주기는 파도의 속도를 계산하는 데 쓰여요.

"바람에 밀린 파도가 점점 더 높아지고 커지고 있어.
하지만 아직 물거품은 없지. 파도가 아무리 세차게 움직여도,
아래쪽에 있는 바닷물은 위아래로 오르락내리락할 뿐
앞뒤로 움직이지 않아. 바닷물을 이렇게 움직이는 건
내가 잘하는 것 중 하나야."
물 아저씨가 웃으며 말했어요.

"하지만 너무 높아진 파도는 더 이상 서 있을 수가 없어.
그럼 파도의 마루가 앞으로 쓰러지면서
하얀 거품으로 부서진단다. 바닷물 속에 있는
공기 방울 때문에 하얗게 보이는 거야."

이번에는 앞으로
쓰러지는 파도 때문에
공이 앞쪽으로
밀려갔어.

나는 다른 파도와
좀 다른 것 같아.

"부서지는 파도의 마루에서 바닷물은 앞으로 이동해. 왜 그런지는 모르겠지만 가끔 다른 파도보다 훨씬 더 높은 파도가 만들어지기도 해. 이것을 이상 파도라고 한단다."

"바람이 잠잠해져서 파도가 더 이상 부서지지 않으면,
바다 전체가 구불구불 물결쳐.
오르락내리락, 오르락내리락, 오르락내리락…….
계속 반복하면서 해안까지 천천히 움직인단다."

"이것을 너울이라고 해.
뱃멀미를 하는 사람들에게는 정말 최악이지."
너울이 서서히 힘을 잃고 약해지며 바다가 잔잔해졌어요.

"자, 너울이 해안으로 올 때 어떤 일이 일어나는지 살펴볼까?"
물 아저씨가 말했어요.
"파도는 바다의 밑바닥이 올라온다고 느끼면 몸을 일으켜 세워.
그러면 파도의 높이가 높아지고, 파도의 마루가 앞쪽으로
쓰러지면서 부서진단다."

"바다의 밑바닥이 완만하게 올라오면,
파도가 미끄러지듯 밀려오게 돼.
반대로 밑바닥이 가파르게 올라오면 불쑥 솟아오른 파도가
해안가로 거세게 들이치며 부서지게 되지."

이제 물 아저씨는 절벽의 바위들과 싸우고 있어요.
"물 아저씨, 지금 뭐 하세요?"
"모래를 만드는 중이란다. 먼저 큰 바위들이 떨어질 때까지 절벽에 철썩철썩 부딪쳐야 해."
아고의 물음에 물 아저씨가 대답했어요.

"그런 다음, 돌을 부수고 작게 만들어. 돌은 서로 부딪히면서
더 작고 둥그레진단다. 나는 자갈 해변도 좋고, 모래 해변도 좋아.
모래 해변을 만들려면 할 일이 아주 많지만
난 시간도 많고 인내심도 강해서 괜찮아.
내가 강이나 개울물일 때도 계속했던 일이거든!"

물 아저씨와 함께하는 산책은 즐겁지만, 피곤하기도 해요.
그래서 가끔은 휴식이 필요하답니다.
"얘들아, 간식 먹으렴."
아고와 피노는 해변가 바위에 앉아서 샌드위치를 맛있게 먹었어요.
그런데 몇 시간 뒤, 바위는 물로 둘러싸인 섬이 되었어요!

"물 아저씨, 여기 있던 해변은 어디로 사라졌나요?"
"물이 여기까지 어떻게 올라온 거예요?"
아고와 피노가 깜짝 놀라며 묻자, 물 아저씨가 대답했어요.
"난 아무것도 하지 않았어. 달과 태양이 한 거란다."

물 아저씨는 밀물과 썰물이 장난치는 것을 좋아해요.
"지구는 대부분 큰 바다와 작은 바다로 덮여 있어.
달은 지구 주위를 돌면서 바닷물을 강하게 끌어당긴단다.
이때 바닷물이 혹처럼 솟아오르며 달을 따라 움직이는 거야.
바닷물이 솟아오른 곳에서는 해수면이 높아지는 밀물이 나타나고,
그만큼 바닷물이 빠져나간 곳에서는 해수면이 낮아지는
썰물이 나타나지."

"아하, 그렇구나! 그럼 태양은 어떤 역할을 해요?"
아고가 물었어요.
"2주마다 태양과 달이 일직선상에 놓이면서
서로 바닷물을 끌어당기는 힘이 합쳐진단다."

"이제 밀물과 썰물 때문에 생기는 바닷물의 흐름인 조류에 대해 알려 줄게. 밀물일 때는 바닷물이 모든 것을 덮으며 밀려들어 와. 그런데 이때 물이 지나가는 길이 좁으면 강한 조류가 만들어져. 썰물일 때도 방향만 다를 뿐 같은 일이 일어난단다."

물 아저씨는 아고와 피노를 이탈리아의 베네치아로 데려가
해수면이 높아지면 어떻게 되는지 보여 줬어요.
이런, 도시가 물에 잠겼네요!
"밀물로 해수면이 높아질 때 바람까지 세차게 불면,
많은 바닷물이 밀려들어 와서 이렇게 물이 많이 차오른단다."
물 아저씨가 말했어요.

이렇게 물이 많이
차오르는 건 처음 봐.

도시가 물에 잠겨서
구경할 게 별로 없네.

지구가 들썩이면 바닷물도 함께 움직이면서
지구에 있는 모든 생명체와 바다가 조화를 이뤄요.
하지만 가끔, 예고 없이 끔찍한 일이 벌어지기도 하지요.
"으악, 해일이다!"
물 아저씨가 비명을 질렀어요.

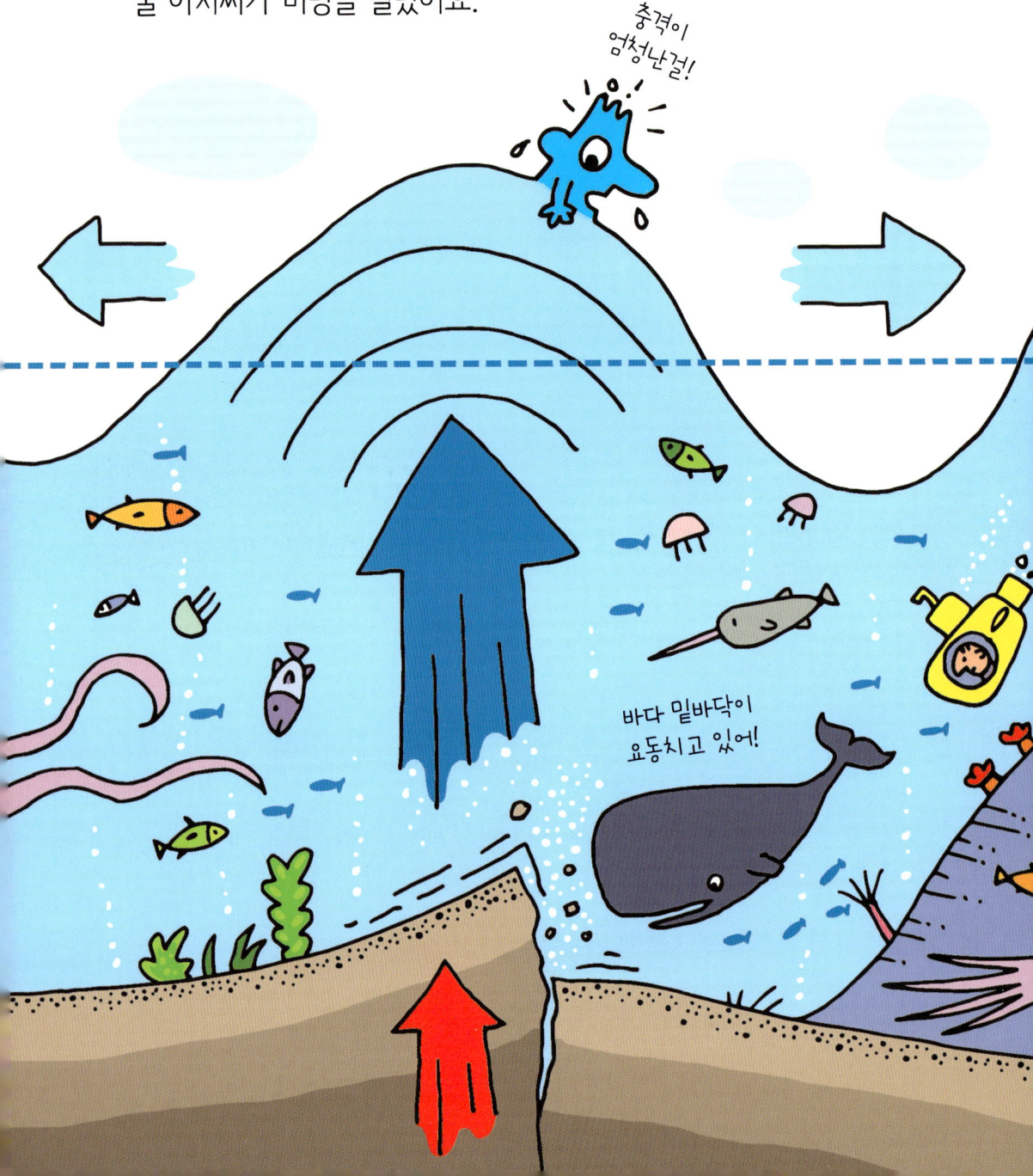

바다 밑바닥에서 지진이 일어나서 해안가에 해일이 생겨났어요.
해일은 바닷물이 우뚝 솟아올라 빠르게 움직이는
어마어마하게 커다란 파도예요.
해일이 해안을 덮치면 모든 것을 통째로 순식간에 휩쓸어 버려요.

"얘들아, 다 함께 지구를 살펴볼까? 바닷물은 항상 움직여. 적도에서 불어오는 따뜻한 바람이 일정한 방향으로 흐르는 해류들을 만들어 낸단다. 그리고 여러 해류들이 합쳐져 소용돌이처럼 회전하는 커다란 환류가 생겨나지."

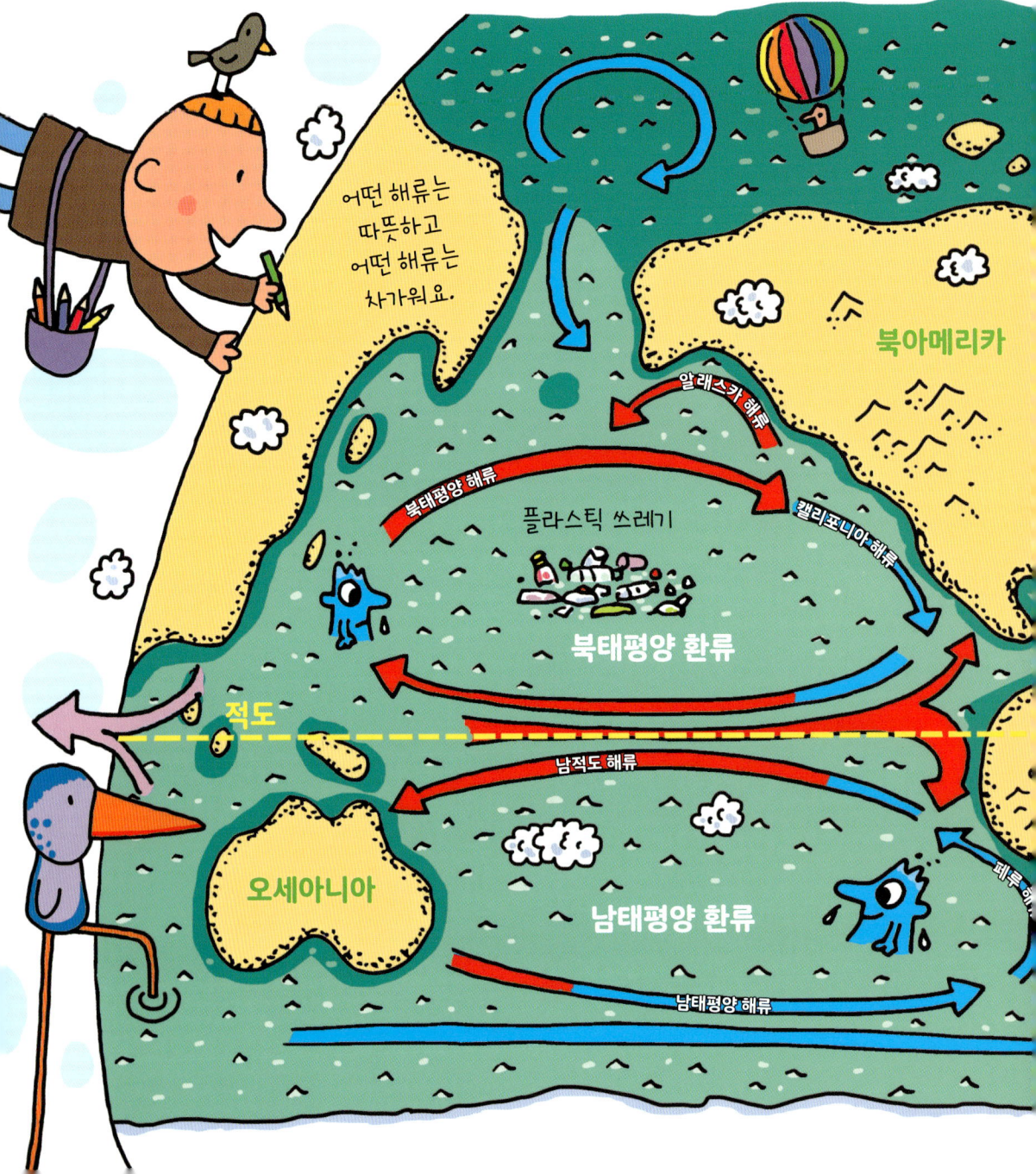

"환류의 중심에는 물의 흐름이 거의 없어서, 플라스틱 쓰레기가 쌓이게 돼. 이것은 인간이 해결해야 할 큰 숙제야. 해류가 만들어지는 또 다른 이유로는 수온이나 염도의 차이가 있어." 물 아저씨가 설명했어요.

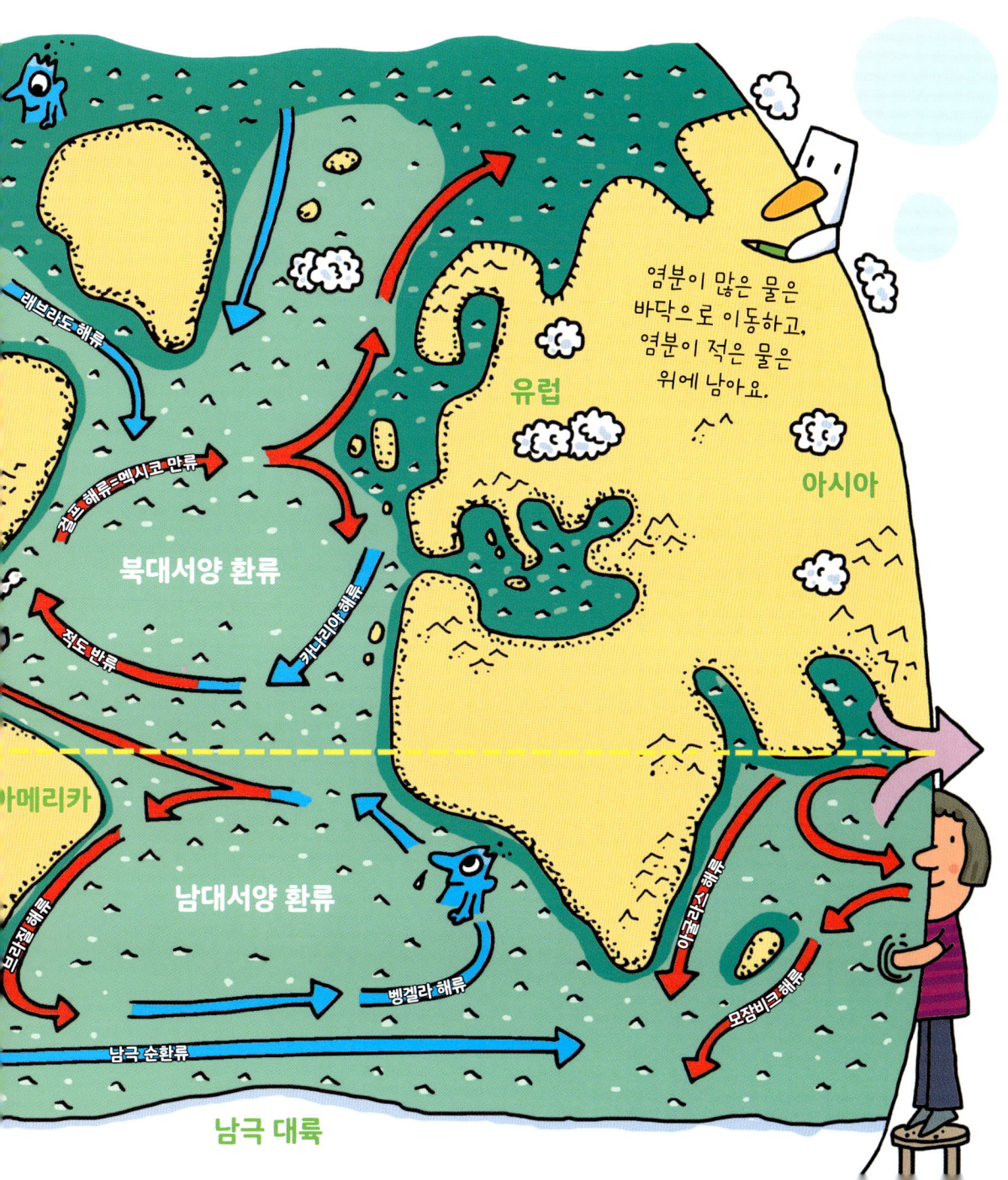

물 아저씨는 한곳에 가만히 있지 않아요.
자전하는 지구, 달, 태양, 바람, 따뜻한 물과 차가운 물,
물의 밀도 차이에 의해 움직이거든요.
이리저리 흘러 다니면서 큰 바다, 작은 바다와 계속 섞인답니다.

바닷물이 움직이는 덕분에 많은 양의 플랑크톤과 산소가 필요한 곳에 정확히 도착해요.
아고와 피노는 그동안 몰랐던 많은 것을 배워서 행복했어요.
"물 아저씨, 고맙습니다!"

물 아저씨와 함께하는 신나는 과학 실험

차근차근 따라 해 보세요!
그동안 알지 못했던 재미있고 흥미진진한
사실들을 알게 될 거예요.

달리는 파도

1 긴 끈을 잡아요. 끈이 길수록 실험이 더 잘 돼요.
한쪽 끝은 손으로 잡고 다른 한쪽 끝은 어딘가에 묶으세요.
묶을 곳이 없다면 친구가 대신 잡아도 돼요.

2 끈을 팽팽하게 당긴 다음 위아래로 세게 흔들면서
끈을 따라 달리는 파도를 만들어 보세요.

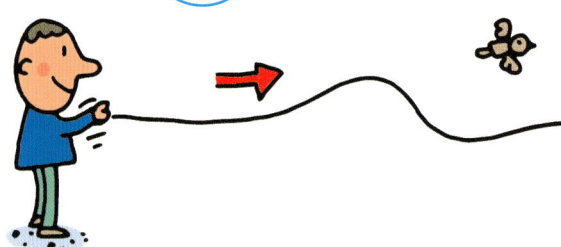

3 파도가 다른 쪽 끝에 도착하면 그 파도가
다시 여러분에게 되돌아와요.

끈의 움직임을 관찰하세요.
바다에서 보았던 진짜 파도처럼 보이지 않나요?

작은 파도

1 오븐용 쟁반에 손가락 두 마디 정도 높이까지 물을 부어요.

2 쟁반의 한쪽을 들어 올리세요. 그러면 물이 한쪽으로 쏠릴 거예요.

3 쟁반을 내려놓으면 파도가 힘을 잃을 때까지 한쪽에서 다른 쪽으로 물이 출렁이는 것을 관찰할 수 있어요.

파도와 재밌게 놀아요!

아고스티노 트라이니는 누구일까요?

저는 1961년에 태어났어요.

저는 비 올 때 걷고

등산을 하고

배를 타고

물수제비를 뜨고

보물을 찾는 것을 좋아해요.

그리고 책을 읽고

책갈피를 만들고

물감으로 그림을 그리고

캐릭터를
구상하는 것도 좋아해요.

하지만 뭐니 뭐니 해도
물 아저씨 그리는 것을 가장 좋아해요!

Agostino Traini

아래의 주소로 저에게 이메일을 보낼 수 있어요.
agostinotraini@gmail.com

물 아저씨 과학 그림책

과학 공부의 시작은 물 아저씨와 함께! 세상 곳곳의
신기한 과학 현상을 배우며 지적 호기심을 가득 채워 보세요!

글·그림 아고스티노 트라이니 | 175×240mm | 32~48쪽

1. 물 아저씨는 변신쟁이
2. 공기 아줌마는 바빠
3. 해 아저씨는 밤이 궁금해
4. 키다리 나무 아저씨의 비밀
5. 계절은 돌고 돌아
6. 물 아저씨와 감각 놀이
7. 알록달록 색깔이 좋아
8. 화산은 너무 급해
9. 물 아저씨는 힘이 세
10. 농장은 시끌벅적해
11. 바람 타고 세계 여행
12. 불 아저씨는 늘 배고파
13. 폭풍은 이제 그만
14. 물 아저씨와 몸속 탐험
15. 옛날에 공룡이 살았어
16. 파도가 철썩 지구가 들썩
17. 바다 괴물의 비밀